GÉNÉALOGIE

DE

MM. LEFEBVRE ou LEFEBURE

DES AMOURETTES, DE CÉRISY, DU BUS

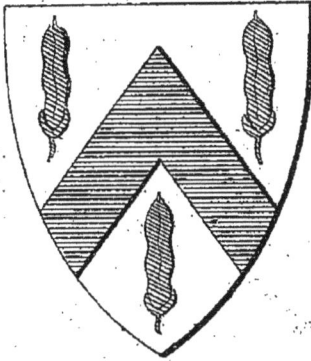

ABBEVILLE

IMPRIMERIE E. WINCKLER-HIVER

MDCCCXCIV

GÉNÉALOGIE

DE

MM. LEFEBVRE ou LEFEBURE

DES AMOURETTES, DE CÉRISY, DU BUS

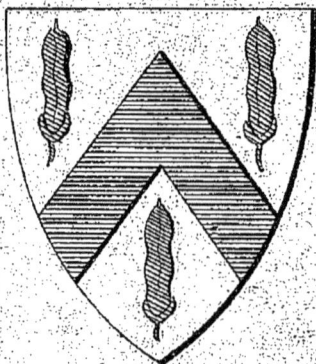

ABBEVILLE

Imprimerie E. WINCKLER-HIVER

—

MDCCCXCIV

GÉNÉALOGIE

DE

MM. LEFEBVRE ou LEFEBURE

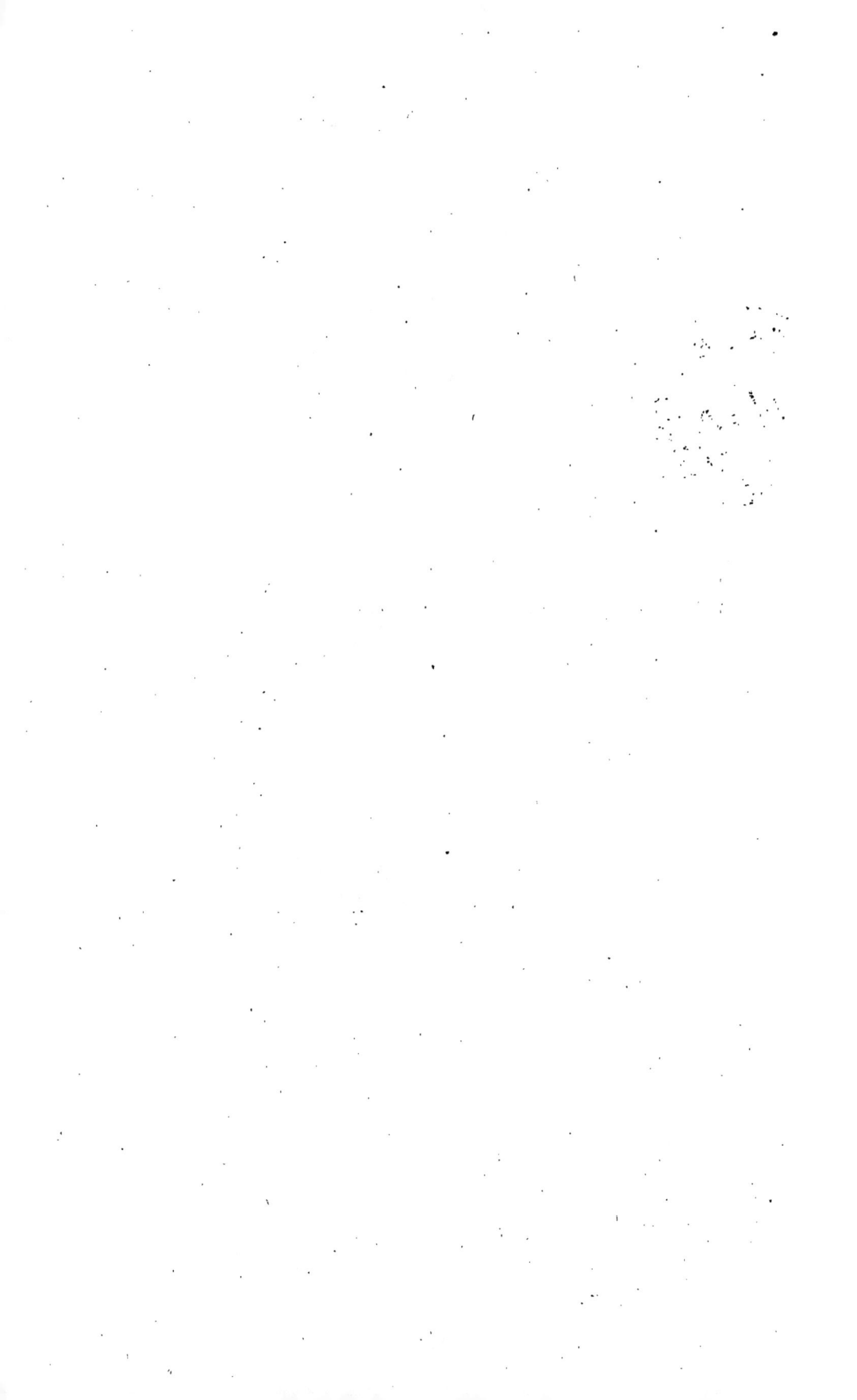

GÉNÉALOGIE

DE

MM. LEFEBVRE ou LEFEBURE

DES AMOURETTES, DE CÉRISY, DU BUS

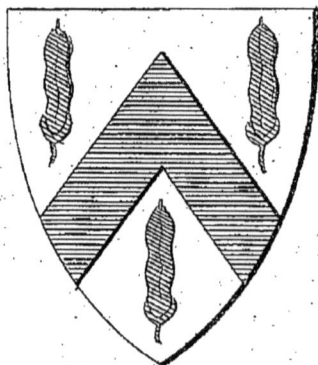

ABBEVILLE

IMPRIMERIE E. WINCKLER-HIVER

———

MDCCCXCIV

GÉNÉALOGIE

DE

MM. LEFEBVRE ou LEFEBURE

DES AMOURETTES, DE CÉRISY, DU BUS

Armes : *d'argent, au chevron d'azur à trois gousses de fève de sinople, deux en chef et une en pointe.*

Cette famille paraît originaire du faubourg de Demenchecourt, et si elle a quelque jonction ancienne avec d'autres familles du nom de Lefebvre, elle est jusqu'à présent inconnue (1).

PREMIÈRE BRANCHE

SIEURS DES AMOURETTES

Ier Degré

JEAN LEFEBVRE ou LEFEBURE, vivant en 1500, marié à MARGUERITE BOUCHER,

(1) Cette généalogie extraite des manuscrits de Charles-Claude Lefebvre du Grosriez a été continuée jusqu'à nos jours par son petit-fils Charles-Fernand Lefebvre du Grosriez.

Dont :

Jacques, qui suit.

IIe Degré

JACQUES LEFEBVRE ou LEFEBURE, propriétaire d'une maison à Demenchecourt, près de la croix de Gueldres qui, je crois, du nom de son fils s'est depuis nommée la croix Bruno,

Marié à N...,

Dont :

Bruno, qui suit.

IIIe Degré

BRUNO LEFEBVRE ou LEFEBURE, mort avant 1588,

Marié à PASQUETTE DE PIERREVILLE.

Elle se remaria avant 1588 à Bernard Levé, au faubourg de Demenchecourt.

Elle a fait, le 17 mars 1588, une donation à Me Antoine Lefebvre, son fils.

Dont :

1° Antoine, qui suit.

2º Claude, a testé, veuve, les 25 mai 1629 et 31 octobre 1630 par-devant Mᵉ Charles d'Acheu, mourut paroisse de Notre-Dame de la Chapelle le 8 janvier 1639, et fut inhumée dans l'église.

Mariée par contrat du 17 mars 1588, par-devant Mᵉ François de Ponthieu :

A JACQUES GUILLEBAULT, mort avant 1614, fils de Robert et de Jacqueline Prévost.

IVᵉ Degré

Mᵉ ANTOINE LEFEBVRE ou LEFEBURE, notaire et procureur à Abbeville, demeurant paroisse Sainte-Catherine, en 1588, a testé le 21 décembre 1607 par-devant Mᵉ Descaules ; il mourut le 21 décembre 1607 et fut inhumé à Saint-Gilles.

Marié :

A MARGUERTE PÉRACHE (1), fille de Mᵉ Louis, greffier de la prévôté de Saint-

(1) C'est elle qui apporta le fief des Amourettes dans la famille de son mari ; il était situé à Moucheron ou aux environs, vers Gapennes, et contenait vingt journaux de terre.

Riquier et de Françoise Hecquet.

Elle fit un accord avec Nicolas Delhodde le 6 juin 1608, par-devant Me Charles d'Acheu, elle a testé le . . 1613, par-devant Me Jean Quentin et fait un codicille le 11 janvier 1642, par-devant Me d'Acheu, elle était alors malade, paroisse Sainte-Catherine, et mourut peu de jours après, avant le 17 janvier 1642,

Dont:

1° Jacques, qui suit.

2° Louis, mort le 24 août 1609.

3° François, né posthume, le 21 juin 1608, mort le 8 septembre 1609.

4° Me Antoine, vivant en 1618 et 1622.

5° Antoinette.

Elle fit avec son mari un testament mutuel le 31 mars 1636 par-devant Me Charles d'Acheu, Elle était veuve dès 1639 et le testament fut décrété le 15 juillet 1641, par-devant Me François de Calonne, devant qui elle fit un autre testament le 17 juillet 1646, et mourut paroisse Sainte-Catherine le 5 mai 1650,

Mariée par contrat du 30 juillet 1607, par-devant Me François Descaules :

A honorable homme BLAISE DUVAL, fils

né en 1582 de honorable homme Jean et de Marguerite Belle, sa première femme.

Il fut consul en 1621.

6° Marie, vivante en 1601, morte paroisse Saint-Nicolas le 20 septembre 1644,

Mariée par contrat du 8 avril 1609, par-devant Mᵉ Daniel d'Acheu :

A Mᵉ CHARLES D'ACHEU, notaire à Abbe-ville, fils de Mᵉ Pierre et de Anne Le Carbonnier, mort en 1640.

7° Marguerite, vivait en 1645 et mourut paroisse Sainte-Catherine, le 30 mars 1654.

Mariée par contrat du 15 septembre 1623, par-devant Mᵉ Daniel d'Acheu :

A noble homme Mᵉ JEAN CAPPET, sieur de la Chapelle, procureur du roi, en l'élection de Ponthieu, fils de honorable homme Simon, mayeur de Rue, et de Marie Humbert, dame de la Chapelle, mort paroisse Saint-André le 3 février 1656.

Il fut inhumé aux Minimes.

Vᵉ Degré

Noble homme JACQUES LEFEBVRE ou
LEFEBURE, sieur des Amourettes, conseiller
du roi, contrôleur au grenier à sel d'Abbeville,
mayeur en 1645 et 1646, mort paroisse Sainte-
Catherine le 17 janvier 1660 (1).

Marié par contrat du 21 août 1622. par-devant
Mᵉ Jean Pappin :

A MARIE CRIGNON, fille de noble homme
Charles, sieur de Courcelles, conseiller au présidial et de Isabeau Fouache, sa deuxième
femme.

Ils firent un testament mutuel le 4 février 1637,
devant Mᵉ Charles d'Acheu, elle vivait encore
en 1645 et 1671,

Dont :

1º Jacques, né paroisse Sainte-Catherine, le
13 janvier 1624.

2º François, né le 25 février 1626.

3º Antoine, né le 13 février 1629.

4º Charles, né le 12 février 1632.

5º Louis, né le 11 janvier 1634.

(1) Ce fut lui qui reçut chez lui Louis XIV en 1646, *(voir
à l'appendice page   )*

6° Jacques-Charles, qui suit :

7° Noble homme Nicolas, sieur des Alu-mières, né paroisse Sainte-Catherine le 22 avril 1637, mort sans postérité. (L'inventaire après son décès est du . . octobre 1680 par-devant M⁰ Louis d'Acheu, n° 331),

Marié par contrat du . . . janvier 1671, par-devant M⁰ Louis d'Acheu, célébration du 19, paroisse Saint-Jean-des-Prés :

A Marguerite LEGRAND, fille de noble homme Jean, procureur du roi à Rue et d'Isabelle Le Vasseur de Mainq.

8° Adrienne, née le 28 octobre 1627, a testé le 16 novembre 1691 par-devant M⁰ Louis d'Acheu, morte le 18 février 1693,

Mariée par contrat du 23 juillet 1645 par-devant M⁰ Jean Pappin, notaire à Abbeville :

A Nicolas DE CACHELEU, écuyer, seigneur du Titre, fils de Claude, écuyer, sieur de Lecoche, et d'Antoinette Le Saige, dame du Titre et de Vauchelles, sa deuxième femme, mort en 1650.

9° Marie, née paroisse Sainte-Catherine, le 24 août 1629, morte sans alliance.

10° Marguerite, née paroisse Sainte-Catherine le 19 octobre 1640, vivante sans alliance en 1717.

VIᵉ Degré

Noble homme JACQUES-CHARLES LEFEBVRE ou LEFEBURE, écuyer, sieur des Amourettes.

Marié par contrat du 21 février 1671, pardevant Mᵉ Louis d'Acheu, célébration du 28, paroisse Saint-Sépulcre :

A ANTOINETTE LALLEMANT, fille de Mᵉ Pierre et d'Isabeau Legrand, alors remariée à noble homme Jean-Baptiste de Montmignon,

Dont :

1º Jacques-Nicolas, qui suit :

2º Jean-Baptiste, qui suivra page 31.

3º Antoinette-Marguerite, morte paroisse Sainte-Catherine, le 1ᵉʳ septembre 1706, sans alliance.

VIIᵉ Degré

JACQUES - NICOLAS LEFEBVRE ou LEFEBURE, écuyer, sieur des Amourettes, né vers 1678. Conseiller du roi, magistrat en la sénéchaussée de Ponthieu et siège présidial d'Abbeville, mayeur-commandant pour le roi au dit Abbeville, en 1739, mort paroisse Sainte-Catherine, le 18 novembre 1752 (1).

Marié par contrat du 6 septembre 1705, célébration du 21 :

A Françoise BOULLY, fille de honorable homme Jacques et de Françoise Poultier,

Dont :

1º N....., né le 28 février 1706.

2º Nicolas-François, qui suit :

3º Louis, qui suivra page 17.

4º Noble homme Jacques-Nicolas, sieur de Catigny et du Bus, lieutenant d'infanterie, mort sans alliance, à l'âge de 70 ans, le 10 mai 1786, paroisse Saint-Jean-des-Prés.

5º Charles, qui suivra page 21.

(1) Sa maison place Sainte-Catherine qui se nomme *les trois Lombards*, venait anciennement des Manessier d'Aussy, elle était en grande décadence en 1622, mais je crois que ce fut lui qui la fit rebatir et depuis elle a appartenue à M. Lefebvre de la Poterie, au sieur Boullon, médecin, à M. du Liège, à son fils ainé qui y a fait batir un second étage et l'a agrandie des terrains de Sainte-Catherine, puis il l'a vendue au sieur Barbieux sur les enfants duquel le sieur Lefebvre du Hodent l'a achetée.

En 1863, cette maison appartenait encore à Madame de Hautecloque, fille ainée de Monsieur du Hodent.

6º Geneviéve-Françoise, renonça à la succession de son père, par acte du 3 juillet 1763, par-devant Mᵉ Vignon,

Mariée par contrat du 14 janvier 1734, par-devant Mᵉ N. . . . , notaire à Auxy-le-Château :

A honorable homme NICOLAS-FRANÇOIS DE MEULEBECQ, procureur du roi de la juridiction des traites de Dunkerque, Bourbourg et Gravelines, fils de honorable homme Nicolas et de Claire-Isabelle Bourghois,

Dont suite :

7º Anne-Antoinette, demoiselle de Bélamont, née paroisse Saint-Georges, le 6 juin 1712, l'inventaire après son décès est du 25 mars 1794, par-devant Mᵉ Champion,

Mariée par contrat du 5 mars 1740, par-devant Mᵉ Quentin :

A noble homme JOSSE MANESSIER, sieur de Coulombeauville, fils de noble homme Charles et de Marie-Ursule Delhodde.

8º Mélanie, morte âgée de 35 ans, paroisse St-Eloy, le 13 novembre 1757, elle fut inhumée dans l'église Sainte-Catherine, dans la carolle de l'Enfant-Jésus, sépulture de sa famille.

9º N. . . . . , demoiselle du Bus, morte sans alliance, à l'âge de 53 ans, paroisse Sainte-Catherine, le 12 octobre 1771, inhumée dans l'église Sainte-Catherine.

VIIIe Degré

Noble homme NICOLAS-FRANÇOIS LEFEBVRE ou LEFEBURE, écuyer, sieur des Amourettes, avocat en parlement, vivant en 1767,

Marié par contrat du 22 janvier 1732, par-devant Me Desroberts :

A JEANNE MEULEBECQ, fille de honorable homme Nicolas et de Claire-Isabelle Bourghois, morte avant 1767,

Dont :

1° Françoise-Geneviève, qui suit :

2° Marie-Jeanne-Françoise, mariée le 28 avril 1767, paroisse Notre-Dame de la ville d'Eu :

A MARIE-LOUIS-JOSEPH DE BOILEAU, écuyer, sieur de Ténède, Schulterie, Maison-Rouge, fils de Jean-Louis, écuyer, officier au régiment royal des vaisseaux, et de Marie-Laurence Fiers, dame de Ténède, Schulterie, Maison-Rouge.

Il se remaria en 1773 à Mélanie-Julie-Antoinette Manessier de Coulombeauville.

Sans enfants du premier lit.

IXe Degré

Françoise - Geneviève LEFEBVRE ou LEFEBURE dame des Amourettes.

Mariée par contrat du 28 avril 1755, par-devant Me Vignon :

A noble homme Louis-Armand Gueroult fils de Jean-François, avocat-général fiscal du bailliage d'Eu, et de Pauline-Charlotte Félix.

DEUXIÈME BRANCHE

SIEURS DE NAMPONT ET DE CERISY

(Issue de la première voir page 12, degré VII)

VIIIᵉ Degré

Noble homme LOUIS LEFEBVRE ou LEFEBURE, écuyer, sieur de Nampont, lieutenant d'infanterie au régiment de Chatillon, demeurant à Dunkerque en 1758, devint par son mariage, receveur de l'étang de Rue, mourut le 24 décembre 1792, rue l'Abbesse, paroisse du petit Saint-Vulfran,

Marié par-contrat du 17 avril 1758, par-devant Mᵉ Pierre-Alexandre Lefebvre, notaire, célébration du 24, paroisse Saint-Georges :

A Charlotte-Elisabeth CROISET, veuve de honorable homme Jacques Sombret et fille de M.ᵉ Philippe, receveur au grenier à sel de Rue, et de Louise-Barbe Prévost, elle vivait veuve en 1800, et mourut le 29 mars 1803,

Dont :

Nicolas, qui suit.

IX⁰ Degré

Noble homme NICOLAS LEFEBVRE ou LEFEBURE, écuyer, sieur de Cérisy et de Catigny, né le 23 septembre 1763, fut d'abord lieutenant d'une compagnie garde-côte de la capitainerie de. . . . . , maire d'Abbeville le 5 février 1797 jusqu'en avril 1798, puis depuis le 1ᵉʳ septembre 1800 jusqu'au 1ᵉʳ juillet 1816; chevalier de la Légion d'honneur.

Il a fait batir un bel hotel sur les terrains de l'ancien couvent des sœurs grises, et mourut à l'Etang près Rue, le 11 septembre 1835 (1),

(1) Bonaparte, 1ᵉʳ consul, de passage à Abbeville, coucha une nuit dans cet hotel vers 1803.

Marié par contrat du 7 décembre 1788, par-
devant M⁰ Hecquet, célébration paroisse Saint-
Georges :

A Marie-Sophie GATTE, fille née en 1765
de noble homme Paul-Augustin, docteur en
médecine et de Marie-Anne-Jeanne Juran,
morte le 14 septembre 1809. paroisse Saint-
Vulfran,

Dont :

1⁰ Charles-Louis, qui suit.

2⁰ Sophie-Élisabeth-Louise, demoiselle de
Cerisy, vivant sans alliance à Abbeville, en
1837, morte en 1851.

X⁰ Degré

Charles LEFEBVRE ou LEFEBURE de
CERISY, né le 15 septembre 1789, paroisse
Saint-Georges.

Elève de l'Ecole polytechnique, fut placé
dans les constructions de la marine, y construisit
avec l'autorisation du gouvernement plusieurs
vaisseaux pour le pacha d'Egypte, puis toujours
avec l'autorisation du gouvernement et conser-
vant son grade en France, il obtint de passer
plusieurs années en Egypte à la solde du pacha,

il en reçut le titre de Bey avec un traitement considérable et revint en France en 1835, et mourut le 15 décembre 1864 sans postérité (1).

Fut marié à Toulon, à Mademoiselle BAUX.

TROISIÈME BRANCHE

Sieurs du BUS et de MAIOCQ

(Issue de la première voir page 13, degré VII)

VIIIe Degré

Noble homme CHARLES LEFEBVRE ou LEFEBURE, écuyer, sieur du Bus et de Maiocq, né le 6 avril 1724.

Conseiller du roi, Prévost royal d'Oisemont, mort le 18 novembre 1767 paroisse Saint-Vulfran, fut inhumé à Sainte-Catherine,

Marié par contrat du 1er avril ou mai 1763, par-devant Me Hecquet, célébration du 4, paroisse Saint-Gilles :

A AGATHE-MARIE LE VASSEUR, fille née

en 1723 de feu honorable homme Nicolas et de Marie de Ribeaucourt,

Dont :

1º Charles-François-Martin, qui suit.

2º Marie-Agathe-Nicolle-Charlotte, demoiselle du Bus, née paroisse Saint-Gilles, le 23 janvier 1754, morte sans alliance.

IXᵉ Degré

Noble homme CHARLES-FRANÇOIS-MARTIN LEFEBURE ou LEFEBURE, écuyer, sieur du Bus, de Maiocq et de la Court-au-Bois, né à Oisemont en avril 1764.

Avocat, juge de paix du canton-sud d'Abbeville,

Marié à Paris, par contrat du 5 janvier 1788, par-devant Mᵉ Lefebvre, célébration du 26 février, paroisse Saint-Severin :

A JEANNE-ANGÉLIQUE LE VASSEUR, fille de honorable homme Jean-Charles, graveur en taille-douce, mort à Paris le 29 novembre 1816, doyen des graveurs du roi et membre de l'Académie de gravure, et de Angélique Michelle de Lisle,

Dont :

1º Charles-Auguste, qui suit.

2º Alexandre-Auguste, qui suivra page 27.

3º Angélique-Jeanne, née en 1789, morte à Paris, le 19 février 1874,

Mariée le . . juin 1809 :

A honorable homme Louis LEONARD,

4º Agathe, née en 1797,

Mariée par contrat du 15 avril 1813, par-devant Mᵉ Coulombel, célébration . . . . du . . mai :

A noble homme JEAN-BAPTISTE-ANTOINE-AIMÉ SANSON, sieur de Pongerville, membre de l'Académie française, fils de noble homme Jean-Baptiste, seigneur de Neuilly-l'Hopital, ancienmarchand et juge de paix à Abbeville, et de Marguerite-Félicité d'Airaines.

5º Mélanie-Esther, née en 1800, morte en 1859,

Mariée 1º :

A AUGUSTE DURRUTHY,

2º Louis BORDOT,

D'ou postérité du 1ᵉʳ lit.

Xe Degré

Noble homme Charles-Auguste LEFEBVRE ou LEFEBURE, sieur du Bus, né en 1791, garde du corps de Monseigneur le comte d'Artois, puis sous-lieutenant des chasseurs de la Somme, mort à Monsboubert, le 10 octobre 1833.

Marié par contrat du 5 mars 1823 :

A Félicité-Françoise-Zoé SANSON DE BERVILLE, fille de Louis-Balthasar-Frédéric, écuyer et de Elisabeth-Joséphine-Françoise Michault.

Elle se remaria le 2 octobre 1835 à Charles-Gabriel-Achille-Toussaint d'Acheux, ancien officier d'infanterie et mourut à Abbeville le 2 décembre 1873,

Dont :

1º Marie-Charles-Auguste-Eloph, qui suit.

2º Marie-Louise-Zoé, née à Monsboubert, le 29 septembre 1828,

Mariée à Monsboubert, par contrat du 2 août 1849 :

A Marie-Henri-Ferdinand DE CAIX DE REMBURES, écuyer, fils né le 3 août 1825 à Amiens, de Claude-François-Ferdinand et de Henriette- Calorine (sic) Barnaux.

XIe Degré

MARIE - CHARLES - AUGUSTE - ELOPH
LEFEBVRE DU BUS, né à Monsboubert, en
1826, habitant en 1889 à Saint-Germain-
en-Laye, 12, rue Lainé,

Marié à Saint-Germain-en-Laye,

A ANTOINETTE BOUCHARD,

Dont :

Marie-Émilienne qui suit.

XIIe Degré

MARIE - EMILIENNE LEFEBVRE ou
LEFEBURE DU BUS, née au Pecq, le 14
octobre 1861.

Mariée à Saint-Germain-en-Laye, le 22 juillet
1880,

A MARIE-FERDINAND-GASTON DE CAIX DE
REMBURES, son cousin germain, né à
Monsboubert le 5 février 1853, fils de Marie-
Henri-Ferdinand et de Marie - Louise - Zoé
Lefebure du Bus,

Dont suite :

QUATRIÈME BRANCHE

SIEURS DU BUS

(Issue de la troisième, voir page 23, degré IX)

Xᵉ Degré

ALEXANDRE - AUGUSTE LEFEBVRE DU BUS, écuyer, né à Abbeville, le 30 octobre 1801.

Avocat, juge de paix successivement à Hallencourt, Saint-Valery et à Abbeville, mort à Abbeville le 6 mai 1872,

Marié à Saint-Denis (Seine), le 26 décembre 1833,

A ANNE-FRANÇOISE-LOUISE BARATTE, fille de Aimé-Louis-Jacques, ingénieur - géographe, officier d'état-major du général Jomini et du maréchal Ney et de Anne-Françoise-Lydie Heurtault,

Dont :

Alexandre-Charles-Eugène, quit suit.

XIe Degré

ALEXANDRE-CHARLES-EUGÈNE LEFEBVRE ou LEFEBURE DU BUS, né à Abbeville, le 23 mars 1840.

Marié 1º à Saint-Germain-en-Laye, le 4 mai 1867 :

A LOUISE ROY, née à Clichy-Paris, le 24 mai 1846 et morte à Vichy le 14 juin 1876, fille de Louis-Auguste et de Léonie Roy, sa cousine germaine.

2º A Caen, le 3 août 1880 :

A MARIE-JUSTINE-SOPHIE LE HARIVEL DE MAIZET née à Caen le 14 juin 1845, morte à Paris le 22 mars 1890, fille de François-Amédée et de Joséphine-Louise-Sophie Le Sueur,

Dont : du premier lit seulement,

Gaston-Alexandre qui suit.

XIIᵉ Degré

GASTON - ALEXANDRE LEFÉBVRE ou LEFEBURE du BUS, né à Nice le 24 mars 1868,

Marié à Alençon, le 29 septembre 1891 :

A JEANNE-MARIE-GENEVIÉVE DELAHAYE, fille de Charles-François-Gaston et de Augustine Anaïs-Joséphine Le Harivel de Maizet,

Dont :

1º Guy-Marie-Joseph, né à Alençon le 6 mai 1893.

CINQUIÈME BRANCHE

Sieurs des ALLUMIÈRES

(Issue de la première, voir page 31 degré VI)

VIIᵉ Degré

Noble homme JEAN-BAPTISTE LEFEBVRE ou LEFEBURE, sieur des Allumières, capitaine au régiment de Bouflers, vivant en 1706,

Marié à Dunkerque :

A THÉRÈSE-CAMILLE DE MEULEBECQ,

Dont :

1º Jean-Baptiste, qui suit :

2º Marguerite, née à Abbeville, paroisse Saint-Gilles, le 6 janvier 1717,

Mariée :

A PIERRE BARTE, tué au combat de la Danaé, en 1759.

3° N. . . . . . ,

Mariée :

A JACQUES RHUTELIGE, chevalier baron-net.

VIIIᵉ Degré

JEAN-BAPTISTE LEFEBVRE ou LEFEBURE né à Abbeville, paroisse Saint-Georges, le 15 février 1721.

APPENDICE

Extrait du tableau où sont inscrits les noms de Messieurs les anciens Mayeurs-Commandants de la ville d'Abbeville, depuis la révocation de la loi jusqu'à ce jour. . . . .

Le dit Tableau exposé en la chambre du conseil de l'Hôtel-de-Ville du dit Abbeville.

Noble homme Jacques Lefebvre, seigneur des Amourettes, conseiller, fut mayeur en l'année 1645.

Le dit seigneur des Amourettes fut continué mayeur en l'année 1646.

Monsieur Nicolas Lefebvre, seigneur des Amourettes, conseiller au présidial d'Abbeville, petit-fils de noble homme Jacques Lefebvre, seigneur des Amourettes, mayeur ez années 1645 et 1646, fut mayeur en l'année 1738. Le dit seigneur des Amourettes fut continué mayeur en l'année 1739.

Extrait délivré conforme au dit Tableau Armorial par les notaires royaux en la ville d'Abbeville, Comté et Sénéchaussée de Ponthieu, soussignés, le trente décembre mil sept cent quatre-vingt-six.

Signé : WATEL.   HECQUET.

1er Novembre 1720

—

Naissance de Louis
Lefebvre des
Amourettes.

Extraits des Registres aux actes de Baptême, Mariage et Sépulture de la paroisse Sainte-Catherine d'Abbeville au diocèse d'Amiens.

Le premier novembre de l'an mil sept cent vingt, est né en légitime mariage et le lendemain a été baptisé : Louis, fils de M. Louis Lefebvre, seigneur des Amourettes, conseiller du roi au siège présidial de cette ville, et de dame Françoise Boully; le parrain : M. Louis Le Prevost, trésorier des fortifications de cette ville ; la marraine : Demoiselle Marie-Anne Carpentier, veuve du sieur Thomas Firmin, bourgeois, marchand de cette ville ; lesquels ont signé le présent acte.

Le Prevost, Marie-Anne Carpentier-Firmin, Leroy, Prêtre-Vicaire (avec parafe).

Je, soussigné, desservant de la dite paroisse de Sainte-Catherine, certifie le présent extrait en tout conforme à l'original dont je l'ai tiré ; en foi de quoi, j'ai signé au dit Abbeville, le vingt-neuf décembre mil sept cent quatre-vingt-six.

Signé : Catillon, desservant.

11 Février 1703

—

Mortuaire
de l'aïeul

Le onzième février mil sept cent trois, M. Charles Lefebvre, seigneur des Amourettes, conseiller du roi, lieutenant aux traites d'Abbeville et bureaux en dépendants, est décédé en sa maison joignant cette église ; et le treizième son corps a été

inhumé dans le chœur de cette église en présence de Charles Lefebvre, sieur de Malortie, et de
Jean Lefebvre, sieur des Allumières, ses enfants
qui ont signé.

LEFEBVRE, LEFEBVRE DE MALORTIE et FORMENTIN.

Je, soussigné, desservant de la susdite paroisse de
Sainte-Catherine, certifie que le présent extrait est
en tout conforme à l'original dont je l'ai tiré, en foi
de quoi j'ai signé au susdit Abbeville, le vingt-neuf
décembre mil sept cent quatre-vingt six.

Signé : CATILLON, desservant.

20 Août 1678
—
Baptistaire du père

Le vingtième jour d'août de l'an mil six cent
soixante-dix-huit, est né et a été baptisé Nicolas,
fils légitime de Charles Lefebvre, seigneur des
Amourettes, contrôleur au grenier à sel d'Abbeville
et de Dame Antoinette Lallemand ; a eu pour
parain M. Charles Monmignon, jeune homme à
marier, et pour maraine, Mademoiselle Adrienne
Lefebvre, veuve de Nicolas Cacheleu, écuyer, sieur
de Vauchelles et du Titre, qui ont signé avec
Bourgeois, curé.

Je, soussigné, curé de la dite paroisse, certifie le
présent extrait de baptême conforme à son original,

en foi de quoi j'ai signé au dit Abbeville, le quinze novembre mil sept cent cinquante-cinq.

> Signé : A. DELATTRE,
> Curé de Sainte-Catherine.

18 Novembre 1752

—

Mortuaire du père.

Le dix-huitième jour de novembre l'an mil sept cent cinquante-deux, est décédé en sa maison, rue Mont Sainte-Catherine, Monsieur Nicolas Lefebvre, seigneur des Amourettes, doyen des conseillers en la Sénéchaussée de Ponthieu et siège présidial de cette ville d'Abbeville, et ancien mayeur de cette dite ville d'Abbeville, âgé d'environ soixante-quinze ans et le vingtième en suivant, son corps a été par nous curé soussigné inhumé dans le chœur de cette église, en présence de M. Nicolas-François Lefebvre, seigneur des Amourettes, avocat au parlement, et de M. Jacques-Nicolas Lefebvre, ses deux fils, qui ont signé avec nous et Delattre, curé.

Nous, soussigné, prêtre-curé de la dite paroisse, certifions le présent extrait mortuaire véritable et conforme à son original signé de nous ; en foi de quoi, nous avons signé et délivré au dit Abbeville, le vingt-hui février mil sept cent cinquante-six.

> Signé : A. DELATTRE,
> Curé de Sainte-Catherine.

17 janvier 1660

—

Mortuaire
du bisaïeul

Le dix-septième jour de janvier l'an mil six cent soixante, est décédé M. Jacques Lefebvre, contrôleur au magasin à sel de cette ville et ancien mayeur d'icelle, et est enterré dans le chœur de l'église de Sainte-Catherine.

Je, soussigné, desservant de la susdite paroisse de Sainte-Catherine, certifie que le présent extrait est en tout conforme à l'original d'où je l'ai tiré ; en foi de quoi j'ai signé au susdit Abbeville, le vingt-neuf décembre mil sept cent quatre-vingt-six.

Signé : CATILLON, desservant.

29 Décembre 1786

—

Certificat

Je, soussigné, desservant de la paroisse de Sainte-Catherine d'Abbeville, diocèse d'Amiens, certifie à qui il appartiendra, que les registres aux actes de baptême, mariage et sépulture de la dite paroisse, antérieures à ceux de l'année mil six cent quarante-neuf, ne se trouvent point parmi ceux dont je suis dépositaire en ma susdite qualité ; en foi de quoi j'ai signé au dit Abbeville, le vingt-neuf décembre mil sept cent quatre-vingt six.

Signé : CATILLON, desservant.

Délivré et collationné les présents extraits de baptême et mortuaire et certificats sur des extraits au papier timbré duement signés, représentés et rendus par les notaires roïaux en la ville d'Abbeville, comté et sénéchaussée de Ponthieu, soussigné le trois janvier mil sept cent quatre-vingt-sept. — Un mot rayé nul.

Signé : WATEL.   HECQUET.

Edit du Roi donné à Marly au mois de Novembre 1706.

Registré au parlement.

Louis, par la grâce de Dieu, roi de France et de Navarre, à tous présents et à venir, salut :

Nous avons par notre édit du mois de juin mil six cent quatre-vingt-onze ordonné que les maires et échevins et officiers des villes de : Toulouse, Bordeaux, Angoulême, Cognac, Poitiers, Niort, La Rochelle, Saint-Jean-d'Angély, Angers, Bourges, Tours, Abbeville, Nantes et autres de notre royaume jouissant ci-devant des privilèges de noblesse, révoqués par notre édit du mois de mars 1600 et leurs descendants, lesquels avaient été compris dans les rôles arrêtés en notre conseil en exécution du dit édit du mois de mars 1667 et avaient payé les sommes ci-portées. Ensemble les maires, échevins et officiers des dites villes auxquelles nous avons accordé la continuation des dits privilèges qui avaient exercé jusqu'au dernier décembre 1687 et

leurs descendants seraient et demeureraient confirmés dans la jouissance, comme aussi que ceux des
dits maires, échevins et officiers compris dans lesdits
rôles qui n'auraient payé leur titre. Ceux qui avaient
renoncé au titre de noblesse suivant la faculté portée
par ledit édit, et ceux qui sans avoir financé et au
préjudice de leur renonciation n'avaient laissé de
jouir des dits privilèges, en jouiront tous agréable-
ment, à la charge de payer les sommes pour lesquels
ils seraient compris dans les rôles qui seraient
arrêtés dans notre conseil, si mieux ils aimaient
renoncer au privilège de noblesse, ce qu'ils seraient
tenus de déclarer dans six semaines, à laquelle
renonciation ne pourraient être reçus ceux qui
avaient joui des dits privilèges sans avoir financé ou
au préjudice de leur renonciation. Lesquels seraient
contraints au paiement des sommes auxquelles ils
seront taxés, nous avons depuis par notre édit du
mois d'octobre 1704, ordonné que tous ceux qui
avaient exercé les charges de capitoules de Toulouse
depuis la dite année 1687 et d'échevins de la ville
de Lyon depuis 1690 jusqu'à la fin de l'année 1704,
seraient tenus ou leurs enfants, en corps et solidairement, de nous payer chacun la somme de quatre
mille livres et les deux sols pour livre pour jouir de
deux cents livres de rentes au moyen de quoi les
dits capitouls et échevins, leurs veuves et enfants
nés et à naître en légitime mariage, demeureraient
confirmés dans leurs noblesse et privilèges et notre
intention étant que les maires, échevins et autres

officiers des autres villes en faveur desquelles nous
avons continué les privilèges de noblesse et qui ont
exercé la dite charge depuis l'année 1687 jusques
et y compris la présente, Ensemble les capitouls de
Toulouse et les échevins de Lyon qui ont exercé
pendant l'année dernière et la présente soient
pareillement maintenus dans leurs privilèges de
noblesse en acquérant de semblables rentes en pro-
portion de la finance qu'ils nous payeront à ces
causes et autres à ce mois, recouvrant de notre
certaine science, pleine puissance et autorité royale,
nous avons par le présent édit perpétuel et irrévo-
cable, dit et ordonné, disons et ordonnons voulons
et nous plaît, que les maires, leurs échevins, lieutenants et officiers des villes de notre royaume en
titre ou électifs en faveur desquels nous avons
continué les privilèges de noblesse, nonobstant la
révocation portée par notre édit du mois de mars
1667 qui ont exercé leurs charges depuis la dite
année 1697 et leurs veuves et enfants nés et à naître
en légitime mariage soient et demeurent confirmés
et les confirmons par le présent édit dans la jouissance du dit privilège de noblesse, confirmons
pareillement dans le dit privilège les maires et
échevins et officiers des villes d'Angoulême, Cognac,
Poitiers, Niort, La Rochelle, Saint-Jean-d'Angély,
Angers, Bourges, Tours, Abbeville, Nantes et
autres jouissant ci-devant du dit privilège qui ont
exercé leurs charges depuis l'année 1600 jusqu'en
1687 et ne nous ont point payé la finance ordonnée

par notre édit du mois de juin 1691 pourvu qu'ils
n'ayent pas renoncé au privilège de noblesse suivant
la faculté qui leur en a été donnée par le dit édit et
ne seront les dits maires, échevins et officiers ou
leurs veuves et enfants tenus de prendre de nous
aucune lettre de confirmation dont nous les avons
dispensés à la charge de nous payer par chacun
des dits maires, lieutenants, échevins et autres
officiers des dites villes, la somme de trois mille
livres sur les jouissances du garde de notre trésor
royal et des deux sols pour livre sur celle de celui
qui sera par nous chargé du recouvrement de la
finance provenant de l'exécution du présent édit,
pour laquelle somme de trois mille livre ils paieront
chacun cent cinquante livres de rente à raison
du denier vingt et en cas où les dits maires, lieutenants, échevins et autres officiers soient décédés,
les descendants de chacun d'eux seront tenus de
payer en corps et solidairement pareille somme de
trois mille livres et les deux sols pour livre. Permettons aux dits maires, échevins et autres officiers
ou leurs enfants de renoncer au titre de noblesse,
au moyen de quoi ils demeureront déchargés du
paiement de la dite somme de trois mille livres et
les deux sols pour livre à la charge d'en faire leur
déclaration aux greffiers des sections six semaines
après la publication du présent édit; voulons que
ceux qui au préjudice de la renonciation qu'ils
avaient fait aux privilèges de noblesse suivant la
faculté que nous leur en avions donnée par le dit

édit, ont continué de jouir du dit privilège, soient taxés pour leurs indues jouissances, si fait n'a été en exécution de non déclaration rendues par la recherche des faux nobles, voulons pareillement que ceux qui ont exercé les fonctions de capitoul de la ville de Toulouse et échevin de la ville de Lyon pendant l'année 1705 et la présente 1706, seraient tenus de nous payer chacun ou leurs enfants en corps et solidairement la somme de quatre mille livres pour acquérir de semblables rentes à raison du denier vingt. Lesquelles rentes nous avons par le présent édit créées et assignées sur la recette générale de nos finances pour être payées aux acquéreurs sur leurs simples quitttances et sans qu'ils aient besoin pour cela d'autres titres que des quittances du prêt de notre trésor royal des dites sommes principales, permettons aux dits acquéreurs d'emprunter les deniers nécessaires pour payer le principal des dites rentes, lesquelles demeureront par privilège spécial affectées et hypothéquées aux dits emprunts, auquel effet mention en sera faite dans les quittances du garde de notre trésor royal et pourront les acquéreurs des dites rentes en faire faire si bon leur semble emploi dans nos états sous le nom de ceux qui leur prêteront leurs deniers.

Si donnons en mandement à nos amés et féaux conseillers les gens tenant notre cour de parlement, chambre des comptes et cour des aides à Paris, que le présent édit ils aient à faire lire, registrer et publier et le contenu en icelui garder et observer selon sa forme et teneur nonobstants touts édits, déclarations, arrêts, réglements et autres choses à ce contraire, auxquelles nous avons dérogé et dérogeons par le présent édit aux copies duquel collationnées par l'art de nos amés et féaux conseillers secrétaire voulons que foi soit ajoutée comme à l'original, car tel est notre plaisir et afin que ce soit chose ferme et stable à toujours nous y avons fait mettre notre sceau. Donné à Marly au mois de novembre, l'an de grâce mil sept cent six et de notre règne le soixante-quatrième.

Signé Louis, et plus bas par le roy Philipeaux, visa Philipaux, vû au conseil Champort et scellé du grand sceau de cire verte.

Registré au parlement le vingt-six arrêt du conseil d'état du roi du 23 août 1707 par lequel sa majesté prescrit aux maires, échevins des villes en faveur desquelles villes il a continué le privilège de noblesse à leurs veuves et enfants qui acquerront ces rentes au denier vingt-six sur les recettes générales de ses finances pour être confirmé dans la noblesse et de les convertir jusqu'au dernier décembre suivant de rente au denier seize sur les aides et gabelles en payant le supplément du nota des sommes que le roi a ordonné de payer en exécution des édits de novembre 1706 et juin 1707, aport article trente quatre ville d'Abbeville, le sieur Nicolas Lefebvre des Amourettes cemme descendant de Jacques Lefebvre maire de la dite ville en

1645 pour être confirmé, est taxé à la somme de trois mille livres et les deux sols pour livre, et la dite contrainte lui avoir été signifiée par exploit de Daguet greffier à Amiens le vingt-trois septembre mil sept cent sept, devit de confirmation, rôle du onze mai mil sept cent vingt-six numéro trois cent vingt, par exploit de Calape huissier à Amiens du dix-sept juin mil sept cent vingt-neuf en vertu de déclaration du roi du vingt-sept septembre mil sept cent vingt-trois arrêtés du conseil des cinq juin et premier juillet mil sept cent vingt-cinq du rôle sus-daté arrêté au conseil des finances, visé par M. l'Intendant d'Amiens le 14 juin 1726, M. Nicolas Lefebvre, seigneur des Amourettes, conseiller au présidial d'Abbeville lui a été fait commandement de payer le droit de confirmation à cause de l'avènement du roi à la Couronne.

Extraits et collationnés sur les originaux représentés et rendus par les notaires royaux en la ville d'Abbeville comté et sénéchaussée de Ponthieu, soussigné le trois janvier mil sept cent quatre-vingt sept.

Signé : WATEL, HECQUET.

Contrôlé à Abbeville le 3 janvier 1787, reçu sept sols dix deniers

Signé : DERIAUTAU.

Suivent les preuves de services militaire du sieur Lefebvre de Nampont, en qualité de lieutenant d'infanterie, capitaine d'Olincourt ayant donné à Lefebvre de Nampont la charge de lieutenant en la compagnie que vous commandez dans le bataillon de milice d'Abbeville de ma province de Picardie, vacante par l'abandonnement du chevalier de Bauvillard, je vous écris cette lettre pour vous dire que vous ayez à le recevoir et faire reconnaître en la dite charge de tous ceux et ainsi qu'il appartiendra et la présente n'étant pour autre fin ; je prie Dieu qu'il vous ait en sa Sainte Garde.

Ecrit à Versailles, le quinze décembre mil sept cent quarante-trois.

Signé Louis (Louy).

Plus bas M. de Voyer d'Argenton, Sellé, sur le dos au capitaine d'Olincourt commandant une compagnie dans le bataillon de Milice d'Abbeville de ma province de Picardie, plus bas signé Lefebvre de Nampont.

A Versailles, le 1er avril 1746.

Le sieur Nampont, lieutenant au bataillon que vous commandez ayant eté choisi, Monsieur, pour être second lieutenant au régiment des Grenadiers roïaux de Castille ci-devant La Tour, et portedrapeau de ce régiment, vous voudrez bien lui ordonner de se rendre à Lille où doit s'assembler le dit régiment et d'y arriver le plus tard le 11 de ce mois, il lui sera payé par le trésorier des troupes, à son arrivée, la somme de 150 livres que sa majesté a réglé qui lui serait donnée pour les frais de son équipage, je suis parfaitement, Monsieur, votre très humble et très obéissant serviteur.

Signé Messir d'Argenton, plus bas M. de Mormont, commandant en son absence, à celui qui commande le bataillon de Milice d'Abbeville à Philippeville, à Versaille, le 12 février 1747.

Le sieur Nampont lieutenant au bataillon de Milice — que vous commandez, ayant été choisi, Monsieur, pour être second lieutenand au régiment des grenadiers roïaux de Châtillon et porter un des drapeaux de ce régiment et d'y arriver au plus tard le 5 du mois prochain, il lui sera payé par le trésorier des troupes, à son arrivée, la somme de cent cinquante livres que le roi a réglé qui lui serait donné pour les frais de son équipage, vous m'informerez, s'il vous plait du départ de cet officier, en m'accusant la réception de cette lettre et suis parfaitement, Monsieur, votre très humble et obéissant serviteur. Signé Messir d'Argenton, plus bas M. de Mormont commandant le bataillon de milice d'Abbeville.

Collationnées et rendues conformes à leurs originaux représentés et rendus par les notaires royaux en la ville d'Abbeville comté et sénéchaussée de Ponthieu, sousignés, le 3 janvier mil sept cent quatre vingt-sept.

Signé : WATEL, HECQUET.

Contrôlé à Abbeville, le 3 janvier 1787.
Reçu quinze sols.

Signé : Demoutier.

Nous, lieutenant-général juge civil et de police,
maire et échevin de la ville d'Abbeville, attestons
que Mes Hecquet et Watel qui ont signé des autres
parts sont notaires royaux au dit Abbeville, que
foi doit être ajoutée à leur signature, tant en jugement que hors. En témoin de quoi les présentes
ont été signées et délivrées par nous, greffier en
chef, après y avoir apposé le scel ordinaire. Donné
en la chambre du Conseil, le trois janvier mil sept
cent quatre-vingt-sept.

Signé : Coulombel.

*Extrait des registres aux actes de Baptêmes,
Mariages et Sépultures de la paroisse de Sainte-
Catherine d'Abbeville, diocèse d'Amiens.*

Le six d'avril mil sept cent vingt-quatre, a été
baptisé en cette église, Charles, né le même jour,
de légitime mariage de noble homme Nicolas
Lefebvre des Amourettes, conseiller du roi,
magistrat au siège présidial de cette ville, et de
dame Françoise Boully, son épouse.

Le parrain a été Nicolas-François Lefebure, sieur
des Amourettes, frère de l'enfant, et la marraine
demoiselle Thérèse Boully, tante maternelle qui
ont signé avec nous.

Signé : Marie-Thérèse Boully,
Lefebvre des Amourettes, Dargnies, curé.

18 Novembre 1767
—
Décès du même

Le dix-huit novembre mil sept cent soixante-sept, est mort maître Charles LEFEBVRE, seigneur du Bus, avocat au parlement et mayeur-prévôt du Vimeu, âgé de quarante-trois ans, son corps fut transféré de Saint-Vulfran de la Chaussée, pour ensuite être inhumé en cette église, en présence de Mᵉ Douville de Belval, avocat en parlement, et de maître Jacques Lefebvre, sieur de Cerisi, son frère, qui ont signé avec nous le présent acte.

Signé : LEFÉBURE DE SÉRISYE,
LEFÉBURE DE NAMPONT,
ROHAULT, curé de Sainte-Catherine.

Les dits actes certifiés par Catillon desservant de la paroisse de Sainte-Catherine, et par François-Jacques Clémenceau de la Gaultraye, président, lieutenant-général en la sénéchaussée de Ponthieu et au présidial d'Abbeville, les 16 avril et 27 suivant 1787.

Du registre aux Baptêmes et Mariages de la paroisse d'Oisemont pour l'année 1764, a été extrait ce qui suit :

7 avril 1764
—
Acte de naissance de M. Lefébure du Bus, qui fut juge de paix à Abbeville.

L'an mil sept cent soixante quatre, le sept avril, est baptisé le huit par moi, prêtre-châpelain de l'Hôtel-Dieu d'Oisemont, soussigné, Charles-François-Martin fils légitime de M. maître Charles Lefebvre, écuyer, seigneur du Bus, conseiller du roi et son prévôt du Vimeu, juge ordinaire à

Oisemont, et dame Agathe-Marie Le Vasseur, son épouse, le parrain a été maître Martin de Tuncq, chapelain du dit Hôtel-Dieu, la marraine Angélique-Théodore Vuatinée, soussignés, de ce interpellé.

Fait double.

Ainsi signé :   LEFÉBURE DU BUS,

Théodore VUATINÉE,   M. DE TUNCQ.

Nous Louis-Jules Bourbon Mazarini Mancini, Duc de Nivernois et Douziois, pair de France, Grand d'Espagne de la première classe, prince de Vougagne et du Saint-Empire, noble Vénitien, etc., etc., etc., chevalier de l'ordre royal et militaire de Saint-Louis, Brigadier des armées du roi et son ambassadeur extraordinaire à Rome,

Prions tous ceux qu'il appartiendra de laisser surement et librement passer, Charles Lefebvre, sieur du Bus, retournant en France,

Sans lui donner ni souffrir qu'il lui soit donné aucun empêchement ; mais, au contraire, toute sorte d'aide et d'assistance ; à l'effet de quoi nous lui avons donné le présent passe-port signé de notre main, que nous avons fait contre-signer par un de nos secrétaires, et à la marge duquel est l'empreinte de nos armes.

Donné à Rome dans notre Palais, le 18 juillet 1750.

Le duc de Nivernois,

Par son Excellence,

BERNARD.

Le 26 Novembre 1767.

26 Novembre 1767
—
Extrait
des Registres aux
délibérations de
l'Hôpital général
d'Abbeville.

La compagnie a arrêté de faire acquitter un service dans la Chapelle de cet hôpital pour le repos de l'âme de Me Lefébure du Bus, décédé directeur avocat du dit hôpital, le 18 de ce mois, aux convoi et enterrement duquel les pauvres ainsi que les six torches et blasons du dit hôpital ont été envoyés ; auquel service qui se dira mercredi prochain 2 décembre, la compagnie assistera et les parents du dit sieur Lefébure du Bus seront invités, le tout suivant la délibération du 30 avril 1741.

Signé : TRAULLÉ, GATTE, Absc. HECQUET,
Ch. THOMAS, LEVASSEUR, MORLANCOURT,

R. GAILLARD, Philippe HOMASSEL,
de FLOQUES, chanoine.

ORIGINE

DES

LEFÉBURE des AMOURETTES (1)
LEFÉBURE du BUS
LEFÉBURE de CERISY

Jacques Lefebvre, seigneur des Amourettes, conseiller du roi et contrôleur au grenier à sel, maïeur d'Abbeville en 1645 et 1646, inhumé le 17 janvier 1660 dans le chœur de l'église de Sainte-Catherine à Abbeville, épousa en 1642 Marie

(1) Jacques Lefebure des Amourettes, premier nommé, descendait de Antoine Lefébure, notaire et procureur d'Abbeville, mort en 1607, lequel était fils de Charles Lefébure, échevin d'Abbeville en 1555 et petit-fils de Jean Lefébure, aussi échevin en 1529 ; ses aïeux remontent à Jean Fabor, échevin d'Abbeville en 1192.

(Voir la généalogie et les actes à l'appui).

Crignon de Courcelles, de qui descendent les Lefebvre de Wadicourt, du Grosriez, de Fontaines ; ce fut lui qui reçut le roi Louis XIV et la reine Anne d'Autriche, sa mère.

2° Charles Charles Lefébure, seigneur des Amourettes, écuyer, conseiller du roi, lieutenant aux traites d'Abbeville, inhumé le 11 février 1703 dans le chœur de l'église de Sainte-Catherine où se trouvait un caveau pour cette famille ; elle y avait également une tribune attenant à sa maison d'habitation depuis passée entre les mains de M. Lefebvre du Houdant.

3° Nicolas Nicolas Lefebvre, seigneur des Amourettes, écuyer, conseiller du roi, maïeur d'Abbeville en 1738 et 1739, inhumé en l'église de Sainte-Catherine le 18 novembre 1751.

Ce fut lui qui, en raison de ses sept enfants et de ce que Jacques, seigneur des Amourettes, avait reçu Louis XIV chez lui, obtint à l'avénement du roi Louis XV au trône la remise des droits de confirmations de noblesse, fixés pour lui à 3000 livres et les deux sols pour livre par édits du roi de novembre 1706 et juin 1707, 27 septembre 1720, 5 juin et 1er janvier 1725, arrêté des finances du 14 juin 1726.

Ses sept enfants furent :

1° Nicolas Lefébure, seigneur des Amourettes, marié à Jeanne de Meulebecque; il, en eut une fille demoiselle Françoise-Geneviève Lefébure des Amourettes, mariée à Louis-Armand Gueroult,

dont descendent les Gueroult du Valmet, de Saint-
Denis, des Amourettes, d'Huberville, etc., etc.

2° Charles Lefébure du Bus, prévôt du Vimeu,
ci après-dénommé.

3° Louis Lefébure de Cérisy, mort garçon.

4° Louis Lefébure, seigneur de Nampont, marié
à demoiselle Croiset, veuve en premières noces
d'Adrien Sombret, qui recueillit la succession de
son frère de Cerisy et son titre de Cerisy, dont
M. Lefébure de Cerisy, maire d'Abbeville, marié à
demoiselle Marie-Anne-Sophie Gatte, dont Charles
et Sophie Lefébure de Cerisy.

5° Demoiselle Antoinette Lefébure des Amourettes, mariée à Josse Manessier, sieur de Coulombeauville, de qui descendent les Manessier de
Wouancourt, Cochet, Labitte et autres (dont
Charles Labitte, jeune littérateur distingué, profes-
seur de littérature à Rome et suppléant au cours
de M. Tissot à la Sorbonne de Paris.

6° Demoiselle Geneviève-Françoise Lefébure des
Amourettes, mariée à de Meulebecque, de laquelle
descendent les de Meulebecque et les filles de
M⁰ Cugno de Belloc, lieutenant-colonel.

7° Demoiselle Lefébure des Amourettes, mariée
à M. de Boileau, écuyer, avocat, sieur de
Tenède, de qui descend Mélanie de Boileau, dame
d'Ecouen.

Marie-Louis-Joseph de Boileau, avocat et lieutenant de maire en 1782, avait épousé en

deuxièmes noces demoiselle Antoinette-Julie-Mélanie Manessier, née à Abbeville le 14 octobre 1744.

4° Charles Lefébure du Bus des Amourettes prévost du Vimeu.

Charles Lefébure, seigneur du Bus, écuyer, conseiller du roi, son prevôt du Vimeu, le deuxième ci-dessus nommé, mourut le 18 novembre 1793; à son convoi assistèrent les membres de l'hôpital général d'Abbeville dont il était le directeur-avocat, avec les torches et blasons du dit hôpital, en vertu de sa délibération du 26 novembre 1767, et il fut inhumé dans le chœur de la dite église où était la sépulture de famille, le 16 novembre 1767.

Il fit le pèlerinage de Rome ayant été député par le Vimeu et la ville d'Abbeville, près de notre S.P. le Pape, à l'occasion d'une épidémie qui avait fait beaucoup de ravages, — *(Voir son passeport joint aux titres de famille).*

Marié en 1753 à demoiselle Agathe Le Vasseur fille de [Nicolas Le Vasseur et de demoiselle de Ribeaucourt, il laissa une fille, demoiselle Lefébure du Bus, morte célibataire.

5° Charles-François-Martin Lefébure du Bus des Amourettes.

Et pour fils:

Charles-François-Martin Lefébure du Bus des Amourettes, écuyer, avocat au parlement de Paris, depuis juge de paix à Abbeville, né le 4 avril 1764, et marié à Jeanne-Angélique Le Vasseur, fille de Jean-Charles Le Vasseur, graveur du roi, membre de l'Académie, et de demoiselle Angélique Michel de Lisle.

Il en eut cinq enfants, savoir:

1° Charles-Auguste Lefébure du Bus, écuyer, officier de cavalerie, ensuite garde du corps, marié à demoiselle Samson de Berville, dont naquirent deux enfants, Marie-Louise-Zoé, mariée à M. de Caix, et Charles.

2° Angélique-Jeanne Lefébure du Bus, mariée à Louis Léonard, desquels descendent Louis Léonard, marié à Louise des Foudais, et Sophie Léonard, mariée à Jules Maison-Haute, premier receveur général des finances, a deux fils : Jules et Louis Léonard. Le deuxième, directeur du contentieux aux messageries impériales, a deux enfants : Jules et Sophie.

3° Agathe Lefébure du Bus, mariée à Antoine-Aimé Sanson de Pongerville, membre de l'Académie française, officier de la Légion d'honneur, conservateur de la bibliothèque Ste-Geneviève, dont descendent Léon de Pongerville, officier de la Légion d'honneur, commandant de lanciers, marié à demoiselle ..., Fanie de Pongerville mariée à M. Louis-Auguste Sylvi, conseiller d'Etat officier de la Légien d'honneur, et Aimée de Pongerville, célibataire :

4° Mélanie-Esther Lefébure du Bus, mariée en premières noces à Auguste Duruthy, dont naquit Mélanie Duruthy.

5° Alexandre-Auguste Lefebvre du Bus, écuyer, avocat, juge de paix, marié à Anne-Francoise Baratte, fille de Aimé-Louis-Jacques Baratte, ingénieur-géographe, officier d'État-Major du général Jomini et ensuite du maréchal Ney.

De ce mariage il existe Alexandre-Eugène Lefébure du Bus, né le 23 mars 1840.

NOTICE
SUR LE FIEF DES LEFÉBURE DU BUS

Le fief du Bus, séant à Arrest, demande une mention ; cette terre du Bus, nous apprend toujours M. de Bussy, contient trois journaux ou environ ; au siècle dernier, elle était tenue pour « six sols de cens annuellement le jour de saint Remi avec autant de relief que de cens, pareil droit d'ayde lorsqu'il y a lieu, le quint denier en cas de vente et tous les autres droits portés par la coutume de Ponthieu dans l'étendue de laquelle lesdits immeubles se trouvent situés et assis. » — Titres de propriété entre les mains de M. Lefebure du Bus. Voici le nom des possesseurs de ce fief depuis 1615.

En 1615, le sieur Antoine de La Roque. Ce fief dépendait alors de celui de Catigny sur le terroir duquel il était.

Demoiselle Jacqueline de la Roque, fille d'Antoine, le reçoit de son père lors de son mariage avec noble homme Michel de Montmignon, ancien mayeur de Saint-Valery.

Leur fils, le sieur Jean-Baptiste de Montmignon, conseiller du roi et bailli prévotal de Rue.

Le sieur Jean-Baptiste de Montmignon, fils du bailli prévotal du Rue, laissa le fief du Bus à sa fille, qui épousa le sieur Nicolas Lefebure des

Amourettes, conseiller du roi au présidial et ancien
mayeur d'Abbeville ; ils eurent pour fils et héritier
du Bus, Charles Lefebure du Bus, conseiller du roi,
prévôt du Vimeu ; celui-ci laissa la terre du Bus à
Charles-François Martin, son fils, lequel est père
de M. Alexandre-Auguste Lefebure du Bus, ancien
juge de paix d'Hallencourt, qui possède aujourd'hui
cette terre.

Extrait de l'Histoire Chronologique des Maïeurs d'Abbeville.

ANNÉE M. DC. XLV.

Jacques Lefebvre, seigneur des Amourettes,
Conseiller du roi et Contrôleur au Grenier à sel.

ÉCHEVINS :

1. Guillaume Sanson, sieur de Hautmaisnil, et ancien Maïeur.
2. Jean Vaillant, sieur de Caumondel, Conseiller du roi et Grenetier au Magasin à sel.
3. Pierre Danzel.
4. Blaise du Val.

Le sieur Lefebvre, selon le sentiment des Sages,
a été l'un des plus accomplis Magistrats de son
temps. Il avait fait sentir l'odeur de ses vertus
devant qu'on lui fit sentir celles des applaudisse-
ments qu'on donne aux Maïeurs. Il était savant et
éloquent, ayant grande facilité de persuader ce
qu'il voulait. Son jugement était solide, clair et net :
sa mémoire comme une bibliothèque vivante était

enrichie des plus belles sciences dont un homme est capable : il parlait fort bien des points de théologie, et entendait à fond la philosophie, la morale, la jurisprudenee, l'histoire, la poésie, et excellait à bien faire et à bien prononcer une harangue devant les rois et les princes. La gravité et la douceur, la courtoisie et la débonnaireté étaient tellement unies en sa personne qu'elles l'accompagnaient toujours inséparablement, et sa vie était autant irréprochable que son administration. C'était un ami fidèle et sincère, qui n'avait pas de ces amitiés voltigeantes, qui suivent seulement la félicité d'autrui, et le délaissent en l'adversité : mais il montrait sa persévérante amitié encore plus constante dans l'inconstance de la fortune de ses amis. Il semble que les paroles se présentèrent à moi d'elles-mêmes pour former des louanges si justes et si légitimes : mais ses vertus sont telles qu'il faudrait avoir son génie pour en parler dignement : et faut que j'avoue que ce qui est beaucoup pour mon esprit, est peu pour mon affection, et pour le désir que j'ai toujours eu de témoigner l'honneur et le respect que j'ai conservé dès ma jeunesse jusqu'à ma vieillesse envers Monsieur Lefebvre très digne Maïeur.

Cette année mil six cent quarante-cinq, le cinquième jour d'avril, qui était le mercredi de la semaine de la Passion avant Pâques fleuries, trépassa saintement au couvent des Pères Capucins de Saint-Honoré à Paris, le vénérable Père Paschal d'Abbeville, qui a été neuf fois Provincial et une fois Vicaire général : il était âgé de soixante et onze ans, en ayant vécu quarante-six en religion, a été maître des Novices et confesseur des Capucines de Paris : on lui donne ce bel éloge qu'il a toujours fait le premier ce qu'il commandait aux autres, et a toujours persévéré dans une exacte observance jusqu'au dernier jour de sa vie.

> Primus in officio, nulli pietate secundus
> *Paschalis,* Paschœ victima lecta fuit.
> Quod docuit, fecit : quod toto tempore vitœ
> Fecerat, extremo fecit et ipse die.

Il a été fort regretté en son Ordre, et au dehors spécialement de Monseigneur Jean-François de Gondy, archevêque de Paris, qui avait été capucin, lequel vint le lendemain chez nous pour nous annoncer sa mort et le recommander aux prières. Etant exposé mort à l'Eglise, quantité de peuple accourut pour lui baiser les pieds, quelques-uns lui coupèrent de son habit pour relique. Le R. P. Joseph de Morlaix, lors Provincial des Capucins de Bretagne, fit son oraison funèbre. Quelques-uns ont remarqué d'Abbeville qu'elle est une des plus fécondes de France à produire des personnes qui se consacrent dès leur jeunesse à Dieu, pour le servir dans des Maisons Religieuses, et plusieurs y réussissent bien et excellent en des vertus héroïques, quoique cachées maintenant aux yeux des hommes. Notre Seigneur les fera voir un jour noblement écrites dans les Chroniques infaillibles de l'Eternité.

ANNÉE M. DC. XLVI.

Jacques Lefebvre sieur des Amourettes,
Conseiller du roi, et Contrôleur au Grenier à sel,
coutinué pour la seconde fois.

ECHEVINS:

. Philippe Manessier, sieur de Bouillancourt, Assesseur,
Conseiller au siège Présidial.

. Philippe de Bourguier, Conseiller et Avocat du roi au
Grenier à sel.

. Jean Papin, notaire.

. Jean Beauvarlet.

L'honneur qu'on rend aux reliques des saints
redonde à la gloire de celui qui les a sanctifiés, qui
est Jésus-Christ. Le sieur Lefebvre Maïeur,
émoigna sa piété ordinaire étant accompagné des
chevins, des anciens Maïeurs et des officiers de
'Hôtel-de-Ville, lorsque le premier jour de mai mil
ix cent quarante-six, après midi, la procession
olennelle fut faite du prieuré de Saint-Pierre à
'Eglise collégiale de saint Vulfran, pour la réception
les sacrées reliques de saint Ultin, frère de saint
Foillan Martyr (la Chasse duquel saint Foillan est
u-dessus du grand autel du dit prieuré de saint
Pierre). Les précieuses reliques de saint Ultin,
urent apportées à Abbeville par des vénérables
chanoines de saint Fursi de la ville de Péronne.

Le dix-septième jour de juillet, le roi Louis qua-
torzième, âgé de neuf ans, fit sa première entrée à
Abbeville, avec la reine régente Anne d'Autriche

sa mère. Monsieur Lefebvre Maïeur les reçut fort magnifiquement, et fit les harangues, accompagné de tous les officiers de la ville. Leurs Majestés ayant demeuré quatorze jours, partirent le dernier jour du même mois de Juillet, après avoir ouï la sainte messe en l'Eglise de saint Vulfran, et s'en allèrent à la ville d'Eu.

www.ingramcontent.com/pod-product-compliance
Lightning Source LLC
Chambersburg PA
CBHW070941280326
41934CB00009B/1965